쉴만한물가작가회 시선집 33

KB061690

예수그리스도께서
나를 도구로 사용해서 주신
찬양의 시와 감동의 글

고은미 선교사 시집

박지혜 그림

도서
출판 현대

일어나라 빛을 발하라

이사야 육십장 일절 진영

고은미선교사의
성령의 하나님께서 나를 도구로 사용해서 주신
찬양의 시와 감동의 글

김 소 엽(대전대석좌교수, 한문예총 회장)

고 은 미 선교사의 찬양 시와 감동받은 글이 책으로 엮어져 나오
는데 추천사를 꼭 써주면 좋겠다는 고 종 욱 장로님의 간곡한 부
탁을 받은 후 스승의 날에 천안까지 목사님 내외분이 찾아 오셔
서 오찬까지 함께 하며 예를 다 갖추어 주셨다. 주님 안에서의 만
남이라 하나님께서 이 만남을 어떻게 축복 하실지 하나님의 섭리
를 가슴 설레며 첫 대면을 하였다.

언제나 사람을 통해서 역사하시는 하나님의 섭리 안에는 필연적
인 하나님의 사건이 따르기 마련이다. 나는 이미 고선교사의 자
기소개 글에서 질곡 속에서도 그를 오늘까지 이끄신 하나님의 역
사하심을 읽고 첫 대면이지만 오래 전 알고 지낸 사람처럼 친숙하
게 느껴졌다. 하나님께서는 어려움 가운데서 연단하게 하시고 정
금같이 쓰시는 분 아닌가. 환난은 연단을, 연단은 인내를. 인내는
소망을 낳게 하시고 어떻게 인도하셨는지를 여호와이레 하나님,
임마누엘 하나님을 통하여 증거 하게 하시고 그를 찬양하고 감사
하게 하셨다. 여기 적힌 이 글들은 아무런 형식이 없다. 저자는

글공부를 따로 한 적도 없어 기교나 미사여구나 형식이 없다. 임마누엘 하나님께서 이끄시는 대로 아무런 꾸밈없이 적어나간 글들이다. 그러므로 더욱 영적으로 담백하게 다가온다.

내 안에 계신 성령의 은혜
예수로 인함이라
모든 영광 하나님께
오직 성령으로 인함이라
나 무엇으로 증거하리
오- 성령의 은혜만이, 그 기쁨만이
모든 것 되신 내 아버지께서 일하신 것임을
나는 노래하고 자랑하고 또 나타내 보이리
　　　　　　<9. 예수로 인함이라> 중 일부

신령과 진정으로 마음에 빛으로 온
또 다른 새롭게 주어진 삶을
그 또 하나의 사랑을
나는 찬양하네
주 앞에서 온전히 이루심을
나는 찬송하고 찬양하네
　　　　　　<13. 또 하나의 사랑>중 일부

저자는 늘 성령의 은혜와 하나님 영광을 증거하기 위하여
하나님께서 일하신 것을 노래하고 자랑하고 찬양하기 위해서

이 글들을 쓴다는 분명한 목적을 제시하고 있다.

다시 말하면 그의 실존적 존재 이유는 하나님 때문이며 삶의 목적도 하나님 때문이며 사나 죽으나 앉으나 서나 모든 것이 하나님 영광만을 위하는 인생이기 때문에 하나님을 찬양하고 하나님께 감사하고 하나님을 기쁘시게 하는 것만이 우리 피조물이 할 일이라고 생각하는 것이다.

그러므로 여기 모은 30개의 글들은 모두 고은미 선교사가 삶의 깊은 골짜기에서 영적으로 하나님을 만나서 하나님과 교감하는 중에 주신 말씀의 증거일 수도 있고 시편 기자처럼 어떤 환난과 역경 속에서도 역사하시는 인자하신 하나님을 찬양하는 찬양 시일 수도 있고 파스칼을 팡세에 나오는 영적 명상록 같은 명상 시일 수도 있다.

그의 삶의 여정 구비 구비 마다 하나님께서는 그녀의 손을 붙잡아 주셨고 바른 길로 인도해 주시고 성령의 은혜가 임할 때 마다 하나님을 증거하고 싶은 열정이 솟구쳐서 이렇게 글로 토해 낸 글들은 영적 증거이며 신실한 신앙 간증이며 진지한 신앙고백인 것이다.

코로나 이후 지금 우리는 개인적으로나 사회적으로 또 국가적으로 많은 상처를 입었고 가치관이 완전히 전도 된 분열의 사회, 양극화의 시대에 살고 있다. 바야흐로 인간의 힘으로는 안 되는 것이 없는 듯 4차원의 AI시대를 앞두고 있다. 경제와 지성이 최고조에 달해 있는데도 우리나라는 세계에서 가장 많은 자살자의 기록을 내고, 세계 최저 출생 국이 되었다. 이것은 한 나라의 머지않은

장래가 존재하느냐 마느냐 하는 가장 위험한 변곡점에 우리는 직면해 있다는 반증이기도 하다. 또한 대한민국이 자유민주주의 국가로 존재하느냐 공산주의로 추락하느냐 하는 위기에 봉착해 있다. 하나님께서 우리나라를 기도로 시작해서 기독교 입국을 하게 해 주셔서 많은 축복을 주셨기 때문에 눈부신 경제 발전과 민주화를 가장 성공적으로 이룬 나라가 되었으나 하나님께 감사치도 않고 하나님을 멀리 떠나서 방자한 생활을 하며 물질의 우상을 섬기고 하나님이 지어주신 존귀한 영적 존재인 사람을 죽이기를 파리 잡듯 하니 하나님께서 인간을 지으신 것을 한탄하시고 대한민국을 축복하신 것을 후회하게 만들어서는 안 될 심각한 싯점에 와 있다고 생각한다.

이런 위기 상황에 여호와 하나님을 찬양하며 감사하고 그를 영화롭게 하는 찬양시와 묵상시는 우리에게 회개하며 다시 하나님께 돌아오게 하는 영적인 치유의 선물이 될 것이라고 생각된다. 이 패악한 시대에 하나님을 노래하고 찬양한 찬양시를 우리는 선지자의 말씀처럼 다시금 되새겨 보아야 할 것이다. 한국교회와 크리스천들이 다시 회개하고 하나님께로 돌아오는 길만이 우리가 살 수 있는 유일한 소망이기 때문이다. 독일의 철학자 요한 고틀리프 피히테는 <독일 국민에게 고함>이라는 책에서 비전이 없는 국민은 망한다고 했다. 지금 우리에게는 아무런 비전이 없다 하나님 한 분 밖에는 없기 때문이다.

2024. 05. 15.

목 차 _ Contents

1. 이야기 하나

목 차 _ Contents

2. 이야기 둘

1 이야기 하나

I A story

오~사랑의 천사여

마음의 평안과 기쁨은
오직 아름다움의 빛을 발하는
사랑의 음성인 것을
오직 네 사랑의 열정인 것을
가난한 마음인 것을
따뜻한 사람이 행하는 간절한 기도인 것을
밤낮없이 생활하는 진실된
마음의 몸부림의 표현인 것을
예수로 인한 끝없는 갈증인 것을

내 속마음을 온전히 나타내 보일 때
주의 그 사랑의 언어들이 소망으로 다가오고
기적으로 나타나는 그 기쁨은
거룩한 사랑의 찬송으로 들려오고
끝없는 사랑의 빛으로 다가오는 빛이신 예수
오~그 사랑의 천사여
광명의 빛이여 마음의 평안이여.

여의도순복음교회 이완우 원로장로

사랑의 음성은 끝이 없다네

오~마음이 아픈 것은 사랑함을 갈구하기 때문이지요
사람과의 관계 속에서 사랑을 베풀었다고 생각했지만
그것은 진정한 사랑이 아니었다오
내 마음을 채우기 위한 사랑의 배고픔 이었다오

나는 가난한 마음으로 살기를 원했지만
진작 가난해질까하는 두려움이 밀려올 때
가슴은 흑암의 세력과 싸우고 있었네
나는 찾고 찾았네 하나님의 자비하심을
예수그리스도 그 이름으로 간구하고 간구했네
하나님 성전의 문지기라도 좋으니
하나님 계신 곳에서 살기를 원합니다

간절히 기도하니
예수님의 크신 사랑이
나도 모르게 다가옴을 느꼈네
너를 종이라 부르지 않고 벗이라 부르노라
종은 주인의 하는 일을 모르나
벗은 모든 일들을 알게 되리
사랑의 음성은 분명히 확실히 들려 왔네

예전에 보았던 말씀을 붙들었네

그 말씀이 현실이 되어 이루어졌네

사랑의 음성은 끝없이 들려오네

나는 들었네 주님의 음성을

사랑하는 예수님의 기쁜 목소리를

네 믿음이 너를 구원했노라.

여의도순복음교회 이완우 원로장로

사랑의 내 십자가는

내 십자가는

사랑의 내 십자가는 무거움이 아니라 기쁨이라

성령의 계시에 의한 아름다움이라

그가 나를 만드신 이유라

예수 그 이름은 믿음의 구원을 보기 위한

사랑의 아름다움과 기쁨을 표현한 것이라 참 사랑이라

온전한 믿음의 의지시라 사랑 가운데 행함이라

고통이 아니라 기쁨이라

세상을 향한 평안을 주기 위한

소망을 주기 위한 생명의 길이라

오 내 사랑의 십자가라 인도하심의 은혜라

주린 자에게 생명이라오

오 놀라워라 내 사랑의 십자가.

오 사랑의 손길이여

내 배고픔을 아는가 내 고달픔을 아는가
먼 길을 돌아와 이제 사랑의 사람과 이별을 고할 때
내 사람과 함께한 사랑의 그 길을
곤고할 때 배고파서 굶주림으로 허기졌을 때
내 배를 채워 주었던 은혜의 말들을 나는 잊지 못해
그것이 힘이 되고 고단한 삶의 능력이 되고
수 많은 날들을 살아내게 한 그 사랑이 되고
여전히 내게 이별의 삶들을 견디게 하고
소망의 눈을 주었던 그 사랑을 나는 잊을 수 없네
그 사랑을 그 부드러운 음성을.

박지혜 그림 / 고달픔

속마음의 진실

내 연인을 아는가
날마다 묻어나는 새로움
오늘도 그 사랑 속에 잠겨
그 따뜻함을 느껴 본다

사랑의 사람과 함께한 그 시간 들을
오늘 마음속에 또다시 찾아온 따뜻한 사람아
다시금 불러 봐도 정다운 참 그리운 사람아
우리 인생길에서 더욱 사모하고 그리워지는
나만의 연인을 그런 사랑의 내 연인을 아는가?

오 사랑의 사람아 내 오랜 연인아
참 포로 생활 아직은 끝나지 않은 사랑의 천사여
마음의 진실함으로 다가온 내 삶의 속 깊음이여
공명의 울림이 아직도 남아있는데

이때도 아직 사랑할 때
다시 그리움이 될 때 소름이 돋을 때
여전히 끝이 없는 사랑의 순수함의 기도를.

사랑의 천사여

오늘도 좋은 소식을 가져다주는 사랑의 천사여
마음의 고달픔이 있을 때 늘 내 곁에서
사랑의 말을 쏟아부어 주는 사랑의 천사여
너의 사명은 아름다움을 느끼게 해주는
눈물의 뜨거움을 가져다주어
내 마음을 정화 시켜 주는 그런 아름다운 천사라

우리 인생길에 꼭 있어야만 하는 너는 사랑의 천사라
수많은 언어의 표현으로 채울 수 없는 그런 일들이
가슴을 파고드는 그런 사랑 그런 사랑을 느끼게 하는
사랑의 천사여

나는 오늘도 너와 함께
사랑을 속삭이네 마음을 표현해 보네
아름다운 세상을 위해 우~우.

박지혜 그림 / 나눔

예수로 인한 삶이라

예수 우리들의 밝은 빛
슬픔을 거두고
믿음으로 나아가리
오늘도 예수그리스도로 옷 입고
날마다 한 걸음씩 발걸음을 옮기며
사망의 길에서 생명의 소중한 길로
빛을 향해 걸어가네
천성을 향하여 이끄시는 대로 순종하며
모든 것 맡기며
싸워 이겨 승리하신 길 그 길을 밟게 하시네
죽어가는 영혼을 위해 이루신
그 사랑은 오직 예수로 인한 삶이라

오~~오 거룩하신
그이름 사랑의 온전하심을 이루신
그 마음이라
그 소망이라
그 온전하심이라.

사랑의 십자가

사랑의 십자가
날 위해 피 흘리신 사랑의 십자가
오늘도 먼 길에 그대가 원하는 삶을
살아가야 하는데
내 힘으로는 할 수 없는
그런 시간에 사로잡혀 있을 때
나에게 다가온 사랑의 십자가

오늘도 내게 힘을 주시네 소망을 주시네
뒤를 돌아보면 살아온 세월이
그 끝없는 이끄심이 나를 살게 하네
마음에 기쁨과 온유함이 겸손함이
사랑의 열매가 생명의 도움의 손길이
여전히 지금도 나와 함께 하시네
사망의 길에서 생명의 길로 이어진
날마다 새로운 피조물이라
생명수가 흐르는 새사람을 입음이라
마음에 가득 찬 것을 쏟아내는 그 은혜라
그 은혜가 임함이라.

손태숙 화백 / 생명

예수로 인함이라

내 안에 계신 예수의 은혜
예수로 인함이라
모든 영광 하나님께
오직 오직 예수그리스도로 인함이라
나 무엇으로 증거 하리

오 성령의 은혜만이
그 기쁨만이 모든 것 되신
내 아버지께서 일하신 것임을
나는 노래하고 자랑하고
또 나타내보이리
오직 사랑이신 주 하나님을
만민의 구원자이신 예수그리스도를

참 하나님을
이 땅을 통치하시는 주권자를
아~사랑하는 그 마음을
우리를 위해 내어주신 참사랑을
그분으로 인한 순교의 믿음을
나는 찬양 하리 사랑으로 다가오신
예수그리스도를
그 인도하심의 은혜를
그 은혜를 오 오 오.

손태숙 화백 / 태양

박지혜 그림 / 불꽃

예수로 성령의 은혜로

모든 이들이 알게 되리
주 예수의 사랑을 믿는 이들은
사랑의 전달자를 보게 되리
문들이 열릴 때 다시 부흥케 되는 새롭게 되는
하나님의 사랑을 참 목자의 음성을
때로는 말씀이 없는 것 같은
캄캄한 암흑의 세계가 펼쳐진 것 같지만
반드시 그곳에도 하나님의 빛은
열매로 나타나고 있다네
사랑의 열매가 무화과나무의 열매를 보게 되리
참사랑 이신 보석 같은 진리의 말씀들이
열매로 나타내 보이리 아멘.

두려움과 은혜

언젠가 주님께서 요구한 십자가의 길
그 십자가의 길은 나에게 두려움을 안겨주는
그런 십자가 그 많은 시간 속에
채워야 될 그시간들이
나의 노래에 내 마음의 기쁨도
한순간 일어나는 울부짖음의 절규들까지
그 십자가의 길이 언제나 두려움으로 다가올 때
주 예수 나에게 다가와
손 내밀어 주셔서 살게 되었네
다시는 십자가 요구하지 않으리

그러한 두려움을 안은 채
살아온 나날들이 이제 먼 사랑의
곤고함 속에서 또다시 요구하게 된
사랑의 십자가의 두려움!!
이제 그 두려움이 변하여
사명이 되었고 소명이 되었다네
기적이 일어났다네
순종의 믿음을 갖고 나가니
그 두려움은 기쁨이 되었네

소망이 되었다네
일상생활 속에서도
주 예수의 온전한 사랑이 나타났다네

순한 어린양 같이 순종하니
날마다 기적이 일어나네
복음의 증거를 주시네
사람들과 하나 되어
찬양케 하시고 찬송케 하시네 아멘.

손태숙 화백 / 물고기와 뱀

예수로 인하여 산다네

나는 부활하신 예수그리스도를 믿네
성령으로 함께하시는 예수의 권능을 믿네
오늘날 내가 너를 낳았도다
나는 죽고 예수로 산다네
참 진리 되신 예수그리스도
나는 그 분의 임재하심을 믿고
그 일들을 선포하며 사네

빛으로 오신 예수그리스도를
뭇 영혼을 구원하러 오신 예수
그분의 이름의 능력과 존귀를
나는 믿으며 사네
참 생명 참 소망 되신
예수그리스도 그 이름으로 인해 나는 산다네

믿음의 주요 온전케 하신
예수만 바라보며 산다네
예수그리스도만 바라보고 산다네
오직 예수그리스도만.

여의도순복음교회 이완우 원로장로

또 하나의 사랑

또 하나의 사랑이 시작되었네
지난날 날 부르신 그 목적하심에 따라
긴 세월 하나님의 인도하심과 성령의 이끄심으로
마음에 기쁨과 설움을 이겨내게 하신
그 또 하나의 사랑은 새롭게 시작되었네

이는 내 사랑하는 아들이라 내 기뻐하는 자라
오늘날 내가 너를 낳았노라
신령과 진정으로 마음에 빛으로 온
또 다른 새롭게 주어진 삶을 그 또 하나의 사랑을
나는 찬양하네 예수그리스도로 온전히 이루심을
나는 찬송하고 찬양하네.

아~~멘

나는 부족한 것 뿐 인데
주께서 나를 사용해 주시었네
생명의 복음을 전하는 사명자의 길로
때로는 마음 아픔으로 견디고 헤맬 때도 있지만
사랑하는 자여 네 영혼이 범사에 강건하기를
간구하고 또 원하노라

죄 씻음의 말씀이 이루어지기까지
하루하루가 고달픈 인생길이라
척박한 땅이라 사망의 길이라
그럼에도 불구하고
나는 사랑을 찾고 구하리
참사람이신 예수를 참 하나님이신
예수그리스도를
성령으로 함께하시는
예수그리스도를
나는 구하고 찾으리
만나를 먹으리
생명으로 오신
예수 그 이름에 사랑을.

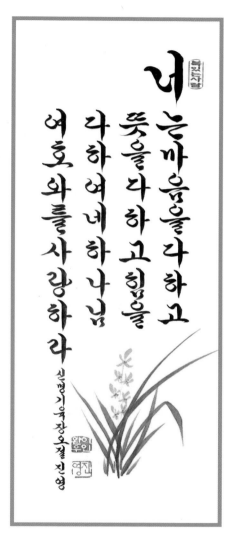

너는 마음을 다 하고 뜻을 다 하고 힘을 다하여 네 하나님 여호와를 사랑하라

여의도순복음교회 이완우 원로장로

온 땅은 찬양 할지라

예수의 은혜는 또 다른 열매
마음의 평안 심령의 기쁨
천사가 흠모하는 아름다운
그이름 예수 오~~예수
우리에게 주어진 예수 그 이름은
하나뿐인 사랑의 열매라

빛이라 소망이라 사랑이라
온전한 아버지의 성품이라 온유와 겸손이라
세상을 사랑하사 독생자를 주신 그 따뜻한 마음이라
우리는 소망 가운데 바라고 바라니
그 일들을 주께서 이루심이라
그 이루신 일들이 놀랍고 놀라워 신기하고 신기해
온 땅은 찬송할지라

사랑이신 내 아버지를 온유하고 겸손하신 예수그리스도를
빛으로 오신 능력의 예수그리스도의 인도하심을
찬송케 하네 찬양케 하네 구속하신 그 사랑을
그 복음의 비밀을 크고도 놀라운 그 사랑을
주린 자에게 양식을 주시는
생명이신 내 예수그리스도를 끝없이 찬양하네
아멘.

손태숙 화백 / 은총의 사람들

사랑의 전달자

한없이 자비하신 은혜로
오늘도 승리하신 예수님
더불어 사랑을 노래하는
나는 사랑의 전달자
마음에 사랑의 소중함을
더불어 함께 하는 놀라운 일들을
빛 되신 예수그리스도
그 이름의 권세를 갖고 난 노래하네
오늘도 성령의 권능으로 행하네

아버지의 사랑을 끝없는 자비하심을
오랫동안 고대하던
그 사랑의 열매를 보면서
난 노래하네 사랑의 전달자로
예수로 인하여 오오오
다시 보아도 더 좋은 마음의 빛이
더 새롭게 되네 사랑하는 마음이
예수그리스도의 좋으신 아버지의 뜻을
깨달아 전하는 발걸음이 사랑하는 마음이라
오~오 사랑의 전달자 그이름 예수여.

오직 예수라오

오직 예수는
믿는 자에게는 능치 못함이 없음이라
참사랑의 십자가는 예수그리스도 보혈의 구속의 은혜라
사랑의 증거라 예쁘고 소중한 마음이라

오늘도 성령의 은혜는 계속 내리워 지고 있다네.
믿는 자에게 사랑의 행함의 증거자에게
주 사랑을 믿는 자에게 능함이 이루어짐일세

사람으로써는 할 수 없으나
예수 그 이름에는 능치 못함이 없음이라
사랑의 증거를 갖고
온 땅을 향하여 말씀의 은혜를 갖고
문들을 연다오

오 사랑 그 사랑 오직 예수그리스도
말로 다 표현할 수 없는
그 사랑의 마음을
아낌없이 다 주시는 이름
오직 예수그리스도 그 이름이라오.

예수 이름에 능력을

예수 이름에 능력을 그 이름에 능력을
예수그리스도의 은혜가
예수 이름에 능력으로 나타날 때
사람들은 알게 되리

내 주님께서 이루신 일들을 하고픈 말 많아도
나는 십자가의 사랑을 이루신 예수밖에
그 이름 위에 능력만을 말하리
온천지가 예수그리스도
사랑의 십자가로 말미암아 새롭게 되리

하나님의 진심이 느껴짐은 모든 것 이루신
예수그리스도로 말미암음이라
다함이 없으신 그 사랑 때문이라
오~그 사랑 그 능력을
나타내 보이심은 우리를 위함이라
그 끝없으신 진실하신 사랑이라

오늘도 변함없는 것은 하나님의 사랑

예수그리스도의 이름으로

하나님 아버지의 권능이라

그 사랑 안에서 숨 쉬고 생활하는

놀라운 새 삶이 시작되었네.

예수로 인한 삶이

오~사람으로 오신 예수를

날마다 찬양하리~ 아멘.

마음의 소유는 천국이 최고

마음의 소유는 천국이 최고
사랑은 천국을 소유하는 것
빛나는 광채가 나타나 마음에 기쁨과 사랑이
물밀듯이 밀려오고 솟아나는 큰 기쁨인 것을
크나큰 무언의 샘 폭발할 듯 넘치는 광음
사랑의 샘물 드러나는 하나님의 존귀한 음성

너를 사랑하노라
믿음이 네 믿음이 너를 구원했노라
너는 내 사랑하는 아들이라
사랑의 음성이 나를 물속에서 건졌네
어린아이와 같은 너의 사랑을 내가 받았노라

너는 내 신부 내 어여쁜 자라 구속의 은혜로
그 은혜 위의 은혜로 참 믿음의 소유는 천국이 최고라
참 자녀라 그 말씀의 선포라 아멘.

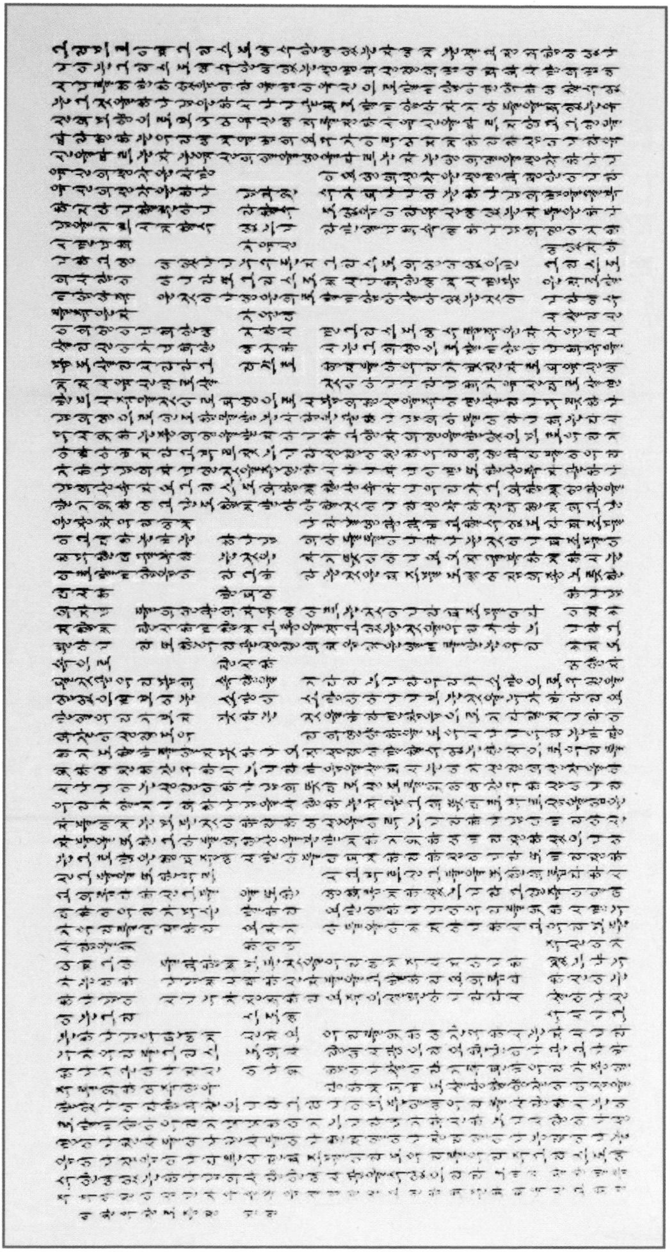

2 이야기 둘

|Two stories

사명자의 길은

사명이 있네
사랑으로 걸어야 할 일들이
그 주어진 일들 그 몫을 감당해야만 하네
스스로 그 사랑 가운데 그 복음의 길들을 위하여
사람들과의 관계 속에서 이루어져야만 하는
그 사명자의 길을 천만번 되뇌어 보면서
또 되물어 보면서 애타는 심정으로 난 노래하네

우리 예수님의 사랑을 그 마음의 표현을 난 노래하네
끝없는 사랑의 능력을 그 한없이 깊은 사랑을
감사의 제사를 드리네 온전한 예수님의 사랑을
그 깊고 넓은 사랑을 끝없이 노래하네 찬송하네

예수그리스도의 한없는 은혜를 복음의 비밀을
크고 크신 아버지의 한없는 자비하심을 힘입어
예수그리스도의 은혜 안에 난 노래하네 난 찬양하네
사명자의 온전한 믿음을 가지고 아멘.

여의도순복음교회 이완우 원로장로

증거자

날마다 부흥케 되리
성령의 인도로 하나님 아버지의 뜻으로
참사람이신 예수를 참 하나님이신 예수를
참 인도자이시며 기적의 나타내심을 이루신
성령이신 예수그리스도를 오늘 하루도
성삼위 일체이신 하나님과 동행하므로
주의 뜻을 이루는 나는 주의 증거자

예수님 내 안에 계셔 나타내 보이심이라
오직 예수 그가 참사람이며 참 하나님의 부활체라
능력으로 오신 창조주라 말씀으로 오신 능력자라
또한 증거자라 할렐루야 나 찬양하리
주의 능력과 선하심을 또한 그 사랑하심을.

십자가의 사랑은 기쁨 이였네

십자가의 사랑은 기쁨이었네
하나님이 주신
그 사랑하심의 십자가는
고통이 아니라 기쁨이었네
하나님 아버지의 뜻대로
살아가는 즐거움이라네
마음의 근심이나 무거움과
힘들고 고통스러운 것이 아니라네

참 생명의 소중함은 구하신 능력의 십자가라네
구원하심의 은혜의 십자가라네
성경의 말씀을 이루시는 찬양의 복음이라네
알고 보면 늘 사랑하신 은혜의 길이라네
십자가는 그 십자가는 사랑과 겸손과 온유라네

사랑하는 자여 네 영혼이 즐거워하며 기뻐할지라
주신 십자가는 기쁨이라 생명이라 사명이라
아버지의 마음이라 고운 사랑이라 참사랑이라.

증언

증언은 참 빛으로 오신 예수그리스도를
나타내 보임이라
성령의 능력으로 믿음의 주요 온전케 하신
예수그리스도로 말미암아 이김을 주시는
하나님 아버지께 감사하노니
사랑의 천사가 나타내 보이심이라
하나님 아버지의 은혜의 계시라
무에서 유를 창조하시는 능력이 됨이라
빛 가운데로 행하신 마음의 밝음으로
나타내 보이심이라

오~오~오
마음의 진심을 담아 사랑의 화살을 쏘아 올리면
하나님께서 들으시고 응답해 주시니 참 감사드리네.
오직 선한 역사 이루신 예수님으로 인한 삶이기에
마음에 사랑의 십자가를 짊으로
창조하신 이의 뜻하심으로 인하여 아멘.

노장의 노래

삶이 없는 노래는
노래가 아니지요
노장의 노래는 삶이 묻어나는
표정과 포즈는 기품이 있고
그 목소리의 노래는
삶이 묻어 있는 것을
알 수 있다네

인생의 마무리
시간에 부르는 노래는
토로함의 호소가 있네

행함이 있는
귀한 울림의 소리는
산봉우리마다
웅장한 기운이 느껴지네

박지혜 그림 / 걸음 걸음

콸콸 쏟아지는 소리의 위엄에
다시 마음을 뜨겁게 보내 본다
늘 푸르고 행복 하라고.

새 피조물

새로운 피조물이라 새 땅이라
오늘도 합력해서 선을 이룰 때 새롭게 되리
기쁨을 맞이하리 새 힘이 솟으리
회복의 영성이 나타나리
주가 주신 기업으로 말미암아
창조의 질서대로 회복의 역사가 나타나리

예수의 귀하신 그 이름의 선물로
모든 일 이루신 주 예수를 찬양토록
하나님 아버지의 마음을 알도록
예수그리스도의 은혜로 그 능력으로
새로운 피조물이 되리

참사람으로 새롭게 펼쳐지는
날마다의 신비함으로
걸어갈 때 뛰어갈 때
모든 것에서 함께하시는
창조주의 뜻에 따라 함께 이루시는
하늘의 능력을 재창조의 능력이여
아 새롭고 신비함이여.

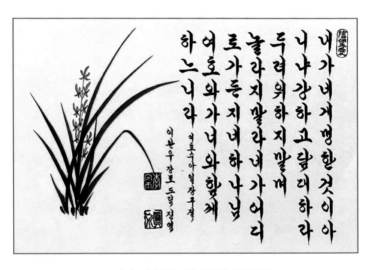

여의도순복음교회 이완우 원로장로

잘하였고 잘하였다 하네

잘하였다네 잘하였다고 칭찬받기를
말씀을 보고 듣고 그 목적하심대로
사용 받아 잘하였다고 칭찬받기를 소망했네
세월이 흐르면서 자신을 보니 연약하기 그지없어
세상과 혼돈된 생활이 접목된 것 같이 느껴져
자신을 보니 두려움과 떨림뿐이었다오
사랑의 그분을 간절히 찾았네
그분의 따뜻한 음성이 들려오기를
기다리고 또 기다렸네

사랑하는 자여 네 영혼이 잘 됨과 같이
네가 범사에 강건하기를 바라고 원하노라
천사로 수종들게 하신
주 예수그리스도를 만났네
잘 하였네 잘 하였다네
오늘날 내가 너를 낳았도다
너는 사랑하는 아들이라.

손태숙 화백 / 만추

예수그리스도로 옷 입고

예수로 예수로 오직 예수로
하나님 아버지의 은혜 가운데
예수그리스도의 능력 가운데
주의 임재하심에 따라
즐겁고 기쁘게 랄랄라
마음에 위로와 참 기쁨을 주신 오~예수

그이름 예수로 말미암아
이김을 주시는 하나님 아버지께 감사하노니
날마다 매일 매일 한 걸음씩
존귀케 하시는 그이름 예수

예수그리스도로 말미암아
살아가는 새로운 사람이라
귀한 믿음의 생활이라
삶 속에 펼쳐지는 꽃과 같은 아름다움이라
곤고한 나를 늘 평안의 손길로 이끌어 주시는
그 은혜 그 능력의 예수그리스도 오~찬양합니다.

할렐루야 예수사랑

누리는 자의 기쁨
스며드는 찬바람은 옷깃을 여미게 하고
따뜻하게 불어오는 바람은 마음의 문을 연다

한없는 하나님 아버지의 사랑은
그 무엇과도 바꿀 수 없는
큰 태양보다 더~눈부시고
광활한 바다보다 더 넓고 깊어
하나님 아버지의 사랑은
마음에 구구절절 떠오르는 많은 수 많은
말들이 어울어져 늘 기쁨으로 가슴을 연다

하나님의 사랑은 끝없는 평안
그 무엇과도 바꿀 수 없고 비교할 수도 없는 큰 보석
그보다 더 좋은 것이 어디 있으랴
세상의 어떤 것과도 바꿀 수 없는 큰~사~랑
그 사랑은 오직 우리 주 예수그리스도 뿐~일세
할렐루야 예수사랑 아멘.

빈 그릇 깨끗한 그릇 예수그리스도로 채움

오늘 하루 시작하는 첫 새벽에
나는 무엇으로
이 귀한 시간들을 채울까
하나님 아버지의 크신 사랑 가운데
눈 뜨게 하신 이유와 그 사랑의 섭리 가운데
붙들림 받은 이 새벽의 시간들을
감사한 마음으로 우선 채워 봅니다
무엇으로 사는가 하면
예수그리스도로 인하여 삽니다 라고 말합니다

오직 하나님 아버지께서 주시는 사랑의 마음으로
삶을 부지런히 살아가는 귀한 만남으로 삽니다
예수그리스도의 피 값으로 깨끗한 그릇으로 오롯이
씻어주신 아버지의 크고 넓은 그 사랑으로 살아간답니다
믿음의 주요 또한 온전케 하신
예수그리스도로 살아간답니다

예수로 인하여 살아가고 예수그리스도로 말미암아
새롭게 태어나 새 언약의 삶을 누리며 부요케 하신
예수그리스도를 마음으로 믿고
예수그리스도께서 인도하시는 대로
그 믿음의 실상을 살아간답니다

세상에서 버림받고 실패한 인생은 상한 심령으로
하나님 앞에 무릎 꿇고 나아오면
위로해 주시는 내 아버지 사랑으로 살아간답니다.
그 크신 사랑으로 아멘.

여의도순복음교회 이완우 원로장로

슬픔을 딛고 세상 속으로

오랜 세월 한없는 사랑과
세월의 고단한 삶 속에서 이루어진
그 능력의 샘물과 같은 아바 아버지 사랑
그 오랜 시간을 닦이고 닦여서
반짝반짝 거울이 되어 모습을 비추는데
만들어진 모습도
만들어 갈 이름의 모양도
그 삶이 만들어진 그대로라 나타내진 바라
그 안에 아버지 형상이 있는 것은
나를 사랑하시는
참 은혜요 희생의 열매이라
예수그리스도 구속의 참사랑은
영원토록 변함없어라.

박지혜 그림 / 합력하여 선을 이루는 기도 손

이 책을 받으신 분께서

혹 마음에 책값을 지불하고 싶으시다는

마음이 드시면 마음으로 오는 금액으로

국민은행 063301-04-121071

고은미 계좌로 이체 해 주시면 선교활동에

사용하고자 한답니다.

예수그리스도의 이름으로 축복합니다.

하나님의 은혜

고은미
선교사
프로필

고은미선교사

1963년 07월 25일

학력

1984.02.23 상명여자 고등학교 졸업
1994.02.28 한국 어린이 선교신학
(유아교육과)졸업
2016.02.22 동덕여자대학교(아동학
학위수여)

경력

1993.03.03 부터 2001.06.30까지 선교원 및 놀이 방 운영
2002.09.01 부터 2006.01.31까지 경기도 성남시 야탑 어린이집 근무
2006.02.09 부터 다솔 어린이집 원장
중랑구 민간 어린이집 연합회 회장 역임
2006.2월 9일 부터 2020년 2월29일까지 서울시 중랑구 다솔 어린이집
원장
2020년 4월 1일 부터 2024년 5월 3일 현재까지
서울 특별시 중랑구 사이좋은 어린이집 대표지 겸 원장 재직 중

상별

2009.12.18 보육원 표창상
2010.12.16 모범보육 시설 상
2011.12.16 중랑구의회 의장 상
2012.12.21 중랑구의회 의장 표창상
2013.04.04 중랑구 구청장 감사장
2015.07.03 여성친화정책 활성화
구청장 표창상
2016.10.23 서울특별시 박원순 시장
표창상

성격장단점
성장과정
성격의 장단점
포부 / 계획

성장과정

경상북도 포항시 영일군 의창읍 벌재 1082번지, 자연 경관이
좋은 산골마을에서 9세까지 지내다 서울에 상경하여 학업
과 일을 병해 해 대학까지 긴 시간이 걸려 감사하게도 늘 배
울 수 있는 기회가 주어진 점과 대학 졸업까지의 시간을 삶
을 부지런히 살아오면서 일상생활에 힘들고 어려운 일들을
또 부딪쳐 해결하며 살아 온 것이 오히려 제게는 가장 보람
된 학업의 인생 성장과정이라고 생각 됩니다.

7남매 중 다섯째로 아들 셋에 딸 넷인 대가족에서 자라 어
른들께 예의범절도 배우고 형제지간에 다툼의 조절능력과
화합의 의미도 알게 되면서 가족의 소중함도 경제의 어려움
을 겪으며 학업 중, 고등학교 때는 홍은초등학교 급사로 한
진그룹 사환을 거쳐 사회인으로써 병행한 상명여중,고등학
교 학창(야간)시절은 저를 더 단단한 인격체로 만들어 주었
고 사회에 나와서도 선생님의 꿈을 포기하지 않고 이웃을 위
한 봉사 생활도 꾸준히 해왔고 30년 이상을 하늘 선교원장과

국.공립 야탑 어린이집 교사로 교회부설 다솔 어린이집원장
으로써 또 예수그리스도 교회 사모로 외부에는 선교사로 나
라와 민족을 위한 찬양으로 되어지는 복음통일과 치유상담
사역에 쓰임을 받고 있는 중입니다.

성격의 장단점

성격의 장점은 누구에게나 예수그리스도의 사랑으로 친밀함
으로 다가가는 성격이 되었지요. 초등학교 때는 약간 내성적
이였는데 초등학교 6학년 때 담임선생님께서 선생님 드실 물
을 주전자에 떠오는 심부름을 늘 제게 시키셨고 이후 삼각지
로터리 상명여중 야간을 초등학교 6학년 때 김 빙수 선생님
의 추천으로 졸업한 학교 서울 홍은 초등학교 급사 일을 하
면서 학업을 했는데 그때 김광회 교감선생님의 따뜻한 칭찬
한마디 한마디가 제게는 학업을 동반한 사회초년생의 안정
된 애착형성의 계기가 되어 선생님들에 대한 감사의 마음을
가지고 남을 위해 살아야겠다는 다짐을 하는 계기가 되었지
요.

이후 중학교 때는 한진그룹 용산 남영동 한진그룹 미팔군 내
SEC (포장 이사화물 담당)본부에서 차장님 과장님 등 어른
들을 섬기며 명동 대한항공 빌딩 한진그룹 본사에 서류 배달
을 주 업무로 일하면서 교대를 가서 섬마을 선생님으로써 꿈
을 꾸며 사회생활의 경험을 정식으로 한 것과 마찬가지로 사
환의 급여 그 당시 1979년부터 1984년까지 팔만원에서 구만
원 정도의 급여를 받으며 꿈을 위한 저축하는 습관을 기르
기도 하고 가정 형편이 어려울 때 그 모은 돈을 가정에 드리

기도 하면서 배려와 어려운 살림살이 대가족을 거느리신 부모님을 존경하는 마음을 가지기도 했답니다.

이후 30세에 결혼하여 딸 쌍둥이와 막내딸까지 또 선교원 원장과 국공립 어린이집 교사, 교회부설 어린이집 원장, 현재 가정 어린이집 원장 겸 대표자로 30년간 활동하면서 부모님들과의 소통과 면담 및 가족 상담까지 또 민간어린이집 연합회 회계 감사 부회장 회장까지 7년을 경험하고 서울시 민간 어린이집연합회 정책 부 임원으로 3년간 일하다 보니 삶 속에서 내성적이었던 성격의 단점이 많이 고쳐져서 지금은 단점 보다는 긍정적 자아성취감에서 나온 적극적 긍정적 에너지로 바뀌는 기적을 체험하고 있다고 말씀 드릴 수 있습니다.

현재는 7년 전부터 하나님께서 특별한 계시와 지혜의 영을 내리사 받은 직분인 자비량 선교사로써 활동을 하게 하시는 중에 있답니다. 성격의 단점이 장점으로 바뀌는 과정을 얘기 하다보니 지나온 시절의 과정이 함께 기록 되었네요. 과정 없는 결과는 없으니 장문의 설명을 이해해주시면 감사드리겠습니다.

포부와 계획

지금은 선교사로써 쓰임을 받는 동안 제 삶에서 겪은 과정이 사람들과의 만남의 대화를 할 때 소중한 자원으로 쓰이고 있답니다. 물이 변하여 포도주가 됨과 같이 말씀에 순종하여 물 떠온 하인들만 알더라 하신 그 말씀이 제게도 일상생활에서 증거 되고 있어 증인으로써 삶을 살아내게 하시고 저의 영적 집을 짓는데 매우 중요한 재료로 쓰이고 있답니다.

저는 사람들의 고단하고 어려운 삶을 긍정적 힘을 실어드리는 언어와 성경의 말씀을 함께 사용하여 정신적 육체적 영적으로 어려운 상황에 처한 사람들께 다가가서 그 고민을 들어주고 성령께서 인도하시는 대로 하나님 아버지의 은혜로 해결하게 하시는데 쓰임 받고 있답니다.

저는 말씀 중 보지 않고 믿는 자가 복되다는 말씀과 순종이 제사보다 낫다는 하나님의 말씀을 늘 생각나게 하시고 시편 23편의 찬양과 시편 1편의 찬양을 즐겨 부른답니다. 앞으로 하나님께서 주신 목소리로 찬양사역자로 일하는 것과 예수 그리스도의 이름을 높이며 늘 선포하게 하시는 말씀 구주 예수그리스도를 믿으라 그리하면 너와 네 집이 구원을 받으리라 하나님이 세상을 이처럼 사랑하사 독생자 예수그리스도를 우리에게 주셨으니 이는 예수그리스도를 믿는 자마다 멸망치 않고 영생을 얻게 하려함이라 말씀이 육신이 되어 우리 가운데 거하시매 우리가 그의 영광을 보니 독생자의 영광이요 은혜와 진리가 충만하더라.

- 아멘 -

감사드립니다

고은미 선교사

자비량 선교 후원계좌
국민은행 063301-04-121071
예금주 : 고은미

하나님이 세상을 이처럼 사랑하사 독생자 예수 그리스도를 주셨으니
이는 예수 그리스도를 믿는 자마다 멸망치 않고 영생을 얻게 하려 하심이니라
요한복음 3:16

예수그리스도께서
나를 도구로 사용해서 주신
찬양의 시와 감동의 글

고은미 선교사 시집

발행일 2024년 8월 10일

지은이 고은미
발행인 한희성
발행처 도서출판 현대
등록일 2020.08.25
주 소 서울시 종로구 대학로 3길 12, 2층
전 화 010-7919-1200 / 02-722-8989
이메일 hd7186@naver.com

ISBN 979-11-985358-6-3

정 가 15,000 원
편집 디자인 도서출판 현대